ようこそ、「メウノータ」の料理レッスンへ！

みなさん、こんにちは。
ヴィーガン料理を提供するカフェ&食堂「メウノータ」の伴奈美です。この本は6年ぶりにお届けするレシピブックとなりますが、前作の『無国籍ヴィーガン食堂「メウノータ」の野菜がおいしい！ベジつまみ』を出させていただいてから、いろいろな変化がありました。

まず、「ヴィーガン」という言葉が、日本でも広く知れ渡るようになりました。「ヴィーガン」とは、お肉やお魚だけでなく、卵や牛乳、チーズといった乳製品も含めて、動物性のものを摂取しないスタイル。健康のために玄米菜食を実践する人も多くいますが、世界にたくさんいるヴィーガンの人々は、動物に対する考え方、宗教上の理由など、さまざまな価値観を持っています。海外からの観光客や在住者が増え、食のスタイルにもこうした多様性があることが、少しずつ認められるようになってきました。私自身は、野菜料理のおいしさを楽しんでもらいながら、いろんな人がひとつの食卓を囲んでもらえたらいいなという思いで、ヴィーガン料理をつくっています。

そして、前作のレシピ本の出版をきっかけに、料理教室の機会をいただくようになりました。特別な食材や調味料を使うことなく、もっとおいしく、もっと簡単に楽しんでつくれたら……と、日々の研究を積み重ねてきた結果、お店で提供する料理の幅も広がりました。

この本では、そんな「料理教室」をイメージしながら、メウノータのレシピやノウハウをお伝えしたいと思います。ご紹介するのは、味つけをピタッと決める14種類の「つくりおきソース」と、その「つくりおきソースを活用したレシピ」です。実際にお店でも、常にソースはまとめて仕込んであり、オーダーから提供までをスピーディーにおこなえるように工夫しています。ヴィーガン料理は「味つけが難しい」と思われているからこそ、その「もと」をつくりおきしておく意味があるのです。

たくさんのレシピを紹介したかったので、食材の旬を意識しながら、メウノータのランチの「ワンプレートスタイル」で盛りつけてみました。もちろん、ワンプレートすべてをつくる必要はありません。「つくってみたいな」と思ったものから、試してみてください。ふだんのおかずの一品として、お酒のつまみの一品として。動物性のものを使わなくても味わい深い、メウノータ流のヴィーガン料理で、みなさんの日々の食卓がもっと豊かになりますように！

「メウノータ」店主　伴奈美

Contents

2 ようこそ、「メウノータ」の料理レッスンへ！

6 **meunota 秘密の つくりおきソース14種**

7 ヅケだれ

7 塩だれ

8 メープル甘酢だれ

8 豆乳マヨネーズ

9 オニオンヴィネグレットソース

10 パクチーレモンドレッシング

11 甘酒スイートチリソース

11 甘酒レモンマスタード

12 NEWヴィーガンバター

13 味噌アリッサ

14 酒粕レーズン味噌

15 ナッツオイル

16 出がらし昆布ディップ

16 梅じそクミンチャツネ

17 **つくりおきソースで、 ヴィーガンプレート 春夏秋冬**

18 *Spring 01* **春野菜のかき揚げプレート**

20 たけのこと空豆と菜花のかき揚げ 甘酒レモンマスタード添え

22 焼きかぶの昆布ディップ添え

22 春キャベツと切り干し大根のコールスロー

23 かぶの葉玄米おむすび 味噌アリッサ添え

23 梅とろろクミンスープ

24 *Spring 02* **高野豆腐南蛮の 春野菜豆乳タルタルプレート**

26 高野豆腐南蛮の 春野菜豆乳タルタル添え

27 紫キャベツのマリネ

28 焼きアボカドの甘酒スイートチリソース

28 ひたし豆

29 春採りかぶのポタージュ

30 *Spring 03* **ニース風サラダの スコーンプレート**

32 ベジツナのニース風サラダ

34 アスパラガスと新玉ねぎのポタージュ

35 セイボリースコーン ヴィーガンバター添え

【料理をつくる前に】

・大さじ1は15mℓ、小さじ1は5mℓです。

・「EXVオリーブオイル」は、「エキストラバージンオリーブオイル」の略です。

・豆乳には「無調整」と「調製」がありますが、この本で使うのは、大豆をそのまましぼった「無調整」です。

・にんにくは国産の大きめのものを使っています。1片10gを目安にしてください。

・特に記載していない場合、皮をむかなくても食べられる野菜については皮ごと調理します。食感が悪くなったり、色がきれいに仕上がらなかったりする場合は皮をむきます。

・オーブンは機種によって温度や焼き時間に多少の差があるので、レシピの時間を目安にして、様子を見ながら焼いてください。

・ソースの保存容器は、清潔なものを使用してください。

38 *Summer 01*
レンズ豆ファラフェルの
エスニックプレート

40 レンズ豆とパプリカのファラフェル
41 焼きなすのディップ
42 ズッキーニとパイナップルのリボンサラダ
43 クスクスのタブレ

44 *Summer 02*
揚げ出し夏野菜のプレート

46 揚げ出し夏野菜
47 焼きかぼちゃのアールグレイペッパー風味
48 ひよこ豆と焼きオクラのサラダ
49 パプリカとごまの冷製スープ

50 *Summer 03*
夏野菜のココナッツカレープレート

52 夏野菜のココナッツカレー
54 カチュンバルサラダ
55 とうもろこしの味噌アリッサ添え
55 みょうがのアチャール

56 *Autumn 01*
秋にんじんの
しんじょ春巻きプレート

58 秋にんじんのしんじょ春巻き
甘酒スイートチリソース添え
60 きのこと厚揚げのトウチ炒め
60 チンゲン菜の昆布サラダ
61 きのこと雑穀のチャウダー

62 *Autumn 02*
エリンギかつプレート

64 エリンギかつのオーロラソースがけ
66 秋にんじんとかぶの
ローズマリー蒸し
67 秋なすのバルサミコナッツオイル
67 焼き芋サラダ

68 *Autumn 03*
ハッシュドマッシュルームプレート

70 ハッシュドマッシュルーム
71 里芋マッシュポテト
72 りんごのヴィーガンバター焼き
73 ルッコラとイチジクのサラダ

76 *Winter 01*
白菜と車麩の魯肉飯プレート

78 白菜と車麩の魯肉飯
79 冬キャベツの磯和え
80 赤かぶの甘酒レモンマスタード漬け
80 焼きごぼうの酒粕レーズン味噌添え
81 焦がしねぎと豆腐のゆずしょうがスープ

82 *Winter 02*
揚げ大根餅プレート

84 揚げ大根餅
85 春菊とアーモンドのサラダ
86 ごぼうとセロリのコリアンダーきんぴら
87 カリフラワーのポタージュ

88 *Winter 03*
小豆のフェイジョアーダ風プレート

90 小豆のフェイジョアーダ風
91 根菜モーリョ
92 ビーツのシーザーサラダ
93 焼きれんこんの味噌アリッサ添え
93 焼きブロッコリーの
ヴィーガンバター和え

94 この本で使っている
調味料＆食材を紹介します

meu nota 秘密のつくりおき ソース14種
(メウノータ)

「メウノータ」では、常に何種類もの「味つけのもと」となるソースを
つくりおきしています。ここで紹介するのは、料理への使い勝手が良く、
しかもあまり手間のかからない、基本の14種のソース。
動物性の食材を使わなくても、旨味やコクがしっかり感じられるように、
さまざまな工夫をしています。ぜひ、気になるものからつくってみてください。

ヅケだれ

お刺身をヅケにするときの配合なので、こう呼んでいます。
まろやかな旨味と甘味のある「めんつゆ」のような万能だれです。

材料（できあがり量：約230mℓ）

酒、みりん、しょうゆ
　…各100mℓ

つくり方

❶ 鍋に酒、みりんを入れて中火にかけ、沸騰させる。

❷ アルコール分がとんだら火を止め、しょうゆを加えて混ぜる。粗熱が取れたら容器に保存する。

使い方
- 煮物や和え物の味つけに
- おひたしに
- 3倍に薄めて天ぷらのつゆに

使用例
ひたし豆（P28）、揚げ出し夏野菜（P46）、きのこと厚揚げのトウチ炒め（P60）、白菜と車麩の魯肉飯（P78）、冬キャベツの磯和え（P79）

冷蔵で約1か月保存可能

塩だれ

酒とみりんを煮きって、だしのような旨味と甘味のある塩だれに。
市販の「白だし」感覚で使えるたれです。

材料（できあがり量：約150mℓ）

酒、みりん…各100mℓ
自然塩…小さじ2

つくり方

❶ 鍋にすべての材料を入れて、塩が溶けるまで混ぜる。

❷ 中火にかけて沸騰させ、アルコール分がとんだら火を止める。粗熱が取れたら容器に保存する。

使い方
- 煮物や和え物の味つけに
- 野菜をもんで浅漬けに
- きざみねぎを混ぜてねぎ塩だれに

使用例
秋にんじんとかぶのローズマリー蒸し（P66）、ごぼうとセロリのコリアンダーきんぴら（P86）

冷蔵で約1か月保存可能

メープル甘酢だれ

「ヅケだれ」(P7)にメープルシロップとアップルビネガーを加えたもの。ツンとこない酸味が食欲をかき立てます。

材料（できあがり量：約330ml）

酒、みりん、しょうゆ … 各100ml
メープルシロップ … 50g
アップルビネガー
（米酢でも代用可）… 50ml

つくり方

❶ 鍋に酒、みりんを入れて中火にかけ、沸騰させる。

❷ アルコール分がとんだら火を止め、しょうゆ、メープルシロップ、アップルビネガーを加えて混ぜる。粗熱が取れたら容器に保存する。

使い方
○野菜の南蛮漬けに
○酢の物に
○冷ややっこにかけて

使用例
高野豆腐南蛮の春野菜豆乳タルタル添え(P26)、揚げ大根餅(P84)

冷蔵で約1か月保存可能

豆乳マヨネーズ

豆乳ベースの軽やかな仕上がり。硫黄の香りの黒岩塩を使うと卵のような風味がつき、よりマヨネーズらしい味になります。

材料（できあがり量：約330g）

無調整豆乳 … 150ml
米油 … 150ml
アップルビネガー
（米酢でも代用可）… 30ml
玄米ぽんせん（粗く割る）
… 1枚(10g)
黒岩塩(自然塩でも代用可) … 5g

つくり方

すべての材料を深めの容器に入れ（a）、ハンディブレンダーで攪拌する。乳化してとろっとなめらかになったらできあがり。

a

使い方
○ポテトサラダに
○野菜のディップに
○サンドイッチに

使用例
春キャベツと切り干し大根のコールスロー(P22)、高野豆腐南蛮の春野菜豆乳タルタル添え(P26)、レンズ豆とパプリカのファラフェル(P40)、エリンギかつのオーロラソースがけ(P64)、ビーツのシーザーサラダ(P92)

冷蔵で約1週間保存可能

冷蔵で約2週間保存可能

 ## オニオンヴィネグレットソース

辛味を除いて甘味を出すために、玉ねぎを加熱するのがポイント。
マイルドでとろみのある、使えるソースです。

材料(できあがり量：約350g)

玉ねぎ(1cm角に切る)…200g
米油…100ml
アップルビネガー…60ml
自然塩…小さじ1

つくり方

❶ 鍋に玉ねぎ、米油、塩を入れて中火にかける。油がふつふつしてきたらすぐに火を止めて、アップルビネガーを加える。

❷ ハンディブレンダーで撹拌し(a,b)、なめらかになったらできあがり。

使い方

○ サラダやマリネに
○ 和え物に
○ 揚げ物のソースに

使用例

紫キャベツのマリネ(P27)、ベジツナのニース風サラダ(P32)、ルッコラとイチジクのサラダ(P73)

冷蔵で約1週間保存可能

パクチーレモンドレッシング

パクチーとレモン、この組み合わせは最強。
香りと酸味のなかに玉ねぎの甘味が感じられる、奥行きのある味。

材料(できあがり量：約400g)

玉ねぎ(1cm角に切る)…200g
米油…100mℓ
レモン汁…70mℓ
パクチー(ざく切り)…60g
自然塩…小さじ1
ガーリックパウダー
　(おろしにんにくでも可)…1g

つくり方

❶ 鍋に玉ねぎ、米油、ガーリックパウダー、塩を入れて中火にかける。油がふつふつしてきたらすぐに火を止める。

❷ レモン汁、パクチーを加えて、ハンディブレンダーで攪拌し(a, b)、なめらかになったらできあがり。

使い方

○サラダやマリネに
○和え物に
○揚げ物のソースに

使用例

ズッキーニとパイナップルのリボンサラダ(P42)、
カチュンバルサラダ(P54)、根菜モーリョ(P91)

甘酒スイートチリソース

ナンプラーを使っているかのような、エスニックテイスト！
唐辛子とにんにくのきいた甘辛い味は、確実にあとをひきます。

材料（できあがり量：約120g）

玄米甘酒…100g
しょうゆ…大さじ1
アップルビネガー…小さじ4
一味唐辛子…1g
ガーリックパウダー
（おろしにんにくでも可）…1g

つくり方

すべての材料をボウルに入れて、均一になるまで混ぜ合わせる。

使い方
○生春巻きや揚げ春巻きに
○焼き野菜や揚げ野菜に
○焼いたがんもどきに添えて

使用例
焼きアボカドの甘酒スイートチリソース（P28）、ひよこ豆と焼きオクラのサラダ（P48）、秋にんじんのしんじょ春巻き 甘酒スイートチリソース添え（P58）

冷蔵で約2週間、冷凍で約1か月保存可能

甘酒レモンマスタード

レモンとマスタードのつなぎ役が、玄米甘酒。
ツンとこない甘味と旨味で、まろやかな酸味のソースに。

材料（できあがり量：約140g）

玄米甘酒…80g
粒マスタード…40g
レモン汁…20g
自然塩…小さじ1/3

つくり方

すべての材料をボウルに入れて、均一になるまで混ぜ合わせる。

使い方
○マリネに
○和え物に
○揚げ物のソースに

使用例
たけのこと空豆と菜花のかき揚げ 甘酒レモンマスタード添え（P20）、赤かぶの甘酒レモンマスタード漬け（P80）

冷蔵で約2週間、冷凍で約1か月保存可能

NEW ヴィーガンバター

前作のレシピ本でも人気のバターを、もっと簡単なつくり方にブラッシュアップ。
発酵バターのようなミルキーなおいしさです。

材料（できあがり量：約360g）

ココナッツオイル（無香タイプ）
　　…200g
無調整豆乳（室温にもどす）…100mℓ
絹ごし豆腐（室温にもどす）…60g
アップルビネガー…小さじ1
自然塩…小さじ⅔

つくり方

❶ ココナッツオイルがかたまっている場合は、湯煎にかけるなどして溶かす。すべての材料を深めの容器に入れる。

❷ ①をハンディブレンダーで攪拌する。全体がもったりと乳化して、なめらかになったら（**a**）容器に移し、冷蔵庫で冷やし固める。

使い方

○ 炒め物やソテーに
○ パンケーキに
○ トーストに塗って

使用例

セイボリースコーン ヴィーガンバター添え（P35）、里芋マッシュポテト（P71）、りんごのヴィーガンバター焼き（P73）、焼きブロッコリーのヴィーガンバター和え（P93）

冷蔵で約1週間、冷凍で約1か月保存可能

冷蔵で約10日間、冷凍で約2か月保存可能

 味噌アリッサ

パプリカの甘さと味噌の濃厚な味に、唐辛子の辛味と
にんにく風味がきいたスパイシーな味。お酒との相性も抜群！

材料（できあがり量：約350g）

赤パプリカ … 1個
味噌 … 120g
EXVオリーブオイル … 大さじ5
レモン汁 … 小さじ2
一味唐辛子 … 5g
にんにく（おろしにんにくでも可）… 2g
A　クミンシード … 15g
　　コリアンダーシード … 8g
　　キャラウェイシード … 3g

つくり方

❶ 焼き網に赤パプリカをのせて、直火またはグリルの強火で焼く（a）。全体が真っ黒に焦げるまで焼いたら、冷水につけながら焦げた皮をむく。種とヘタも取り除き、ざく切りにする。

❷ Aをフライパンに入れて、香りが立つまで乾煎りしてから（b）冷ます。ミルサーで粗めのパウダー状に粉砕する（c）。

❸ 深めの容器に①のパプリカと②のスパイス、残りの材料をすべて入れる。ハンディブレンダーで攪拌し（d）、全体がなめらかになったらできあがり。

a

b

c

d

使い方

○ 蒸し野菜や焼き野菜に添えて
○ クスクスに添えて
○ 焼いた厚揚げにのせて

使用例

かぶの葉玄米おむすび 味噌アリッサ添え（P23）、焼きなすのディップ（P41）、とうもろこしの味噌アリッサ添え（P55）、焼きれんこんの味噌アリッサ添え（P93）

13

冷蔵で約1週間、冷凍で約2か月保存可能

酒粕レーズン味噌

酒粕とレーズンの甘味に、味噌の塩分がいいバランスで、甘辛旨い！
酒粕と味噌に共通している、発酵の旨味の相乗効果も。

材料（できあがり量：約175g）

酒粕、レーズン、味噌 … 各50g
レモン汁 … 小さじ5

つくり方

すべての材料をボウルに入れて、均一になるまで混ぜ合わせる（a）。

使い方

○ 焼いた根菜に添えて
○ ナッツと一緒にクラッカーにのせて
○ 焼き栗と和えて

使用例

焼き芋サラダ（P67）、焼きごぼうの酒粕レーズン味噌添え（P80）

a

ナッツオイル

いろいろなナッツがザクザク入った香ばしいオイル。
塩分を加えていないので、アレンジも自由自在！

材料（できあがり量：約300g）

EXVオリーブオイル … 150mℓ
クルミ、アーモンド
（共に細かく砕く）… 各50g
ココナッツファイン … 50g

つくり方

❶ すべての材料を鍋に入れ、弱火にかける（**a**）。

❷ ココナッツファインがこんがり色づいてきたら火を止め、耐熱容器に移す（**b**）。粗熱が取れるまで冷ます。

a

b

使い方

○ ゆで野菜にのせて
○ かぼちゃやさつまいもと和えて
○ カレーに添えて
○ パンにのせて
○ アイスのトッピングに

使用例

クスクスのタブレ（P43）、秋なすのバルサミコナッツオイル（P67）、春菊とアーモンドのサラダ（P85）

冷蔵で約2か月保存可能

出がらし昆布ディップ

だしをとった昆布は冷凍ストック。量がたまったら解凍して、しょうゆなどを加えて攪拌すれば、使える和のディップに。

材料（できあがり量：約150g）

出がらし昆布（ざく切り）
　…100g
EXVオリーブオイル
　…大さじ2½
しょうゆ…小さじ2½
バルサミコ酢…小さじ2
自然塩…小さじ1

つくり方

すべての材料を深めの容器に入れ、ハンディブレンダーで攪拌する（a）。昆布が細かくなり、全体が均一に混ざったらできあがり。

使い方

○ おにぎりの具やお茶漬けに
○ 納豆に混ぜて
○ お湯を注いでスープに

使用例

焼きかぶの昆布ディップ添え（P22）、チンゲン菜の昆布サラダ（P60）

冷蔵で約2週間保存可能

梅じそクミンチャツネ

タマリンドのチャツネにヒントを得た、和のチャツネ。酸っぱさのなかに潜む青じそとクミンの香りが意外にも好相性！

材料（できあがり量：約60g）

梅肉…50g
青じそ（みじん切り）…5枚分
クミンシード…5g

つくり方

❶ クミンシードをフライパンに入れ、香りが立つまで乾煎りし、冷ます。
❷ ボウルに梅肉、青じそ、①のクミンシードを入れて混ぜ合わせる（a）。

使い方

○ おにぎりの具に
○ オリーブオイルでのばしてドレッシングに
○ カレーの隠し味に
○ フライドポテトにつけて

使用例

梅とろろクミンスープ（P23）、夏野菜のココナッツカレープレート（P50）

冷蔵で約1か月保存可能

つくりおきソースで、
ヴィーガンプレート
春夏秋冬

「メウノータ」で人気のワンプレートランチ。
一度に何種類ものおかずをつくるのは大変ですが、
前の章で紹介した「つくりおきソース」があれば大丈夫。
ソースで野菜を和えて盛るだけ、焼き野菜にソースを添えるだけなど、
いろいろな味つけの料理がスピーディーに完成！
旬の野菜の個性をいかしたおいしいレシピで、ソースの活用法をお伝えします。

Spring 01

春野菜のかき揚げプレート

春野菜を前にすると、芽吹きの季節ならではの「香り」を料理するような気持ちになります。そこで、真っ先に浮かんだのが、香りを閉じ込めた「春野菜のかき揚げ」でした。どんな野菜を使ってもおいしいので、ちょこっと余った菜っ葉が冷蔵庫にあれば、それもきざんで入れてOK。さて、このプレートは和風に見えて、ひとひねりしたメニューぞろい。「かき揚げ」には「甘酒レモンマスタード」、「焼きかぶ」には、バルサミコ酢をきかせた「出がらし昆布ディップ」。切り干し大根をコールスローにしたり、おむすびにはエスニックな「味噌アリッサ」。「梅とろろクミンスープ」は、梅とクミンという異色の組み合わせ。「つくりおきソース」が大活躍です。

Menu

1. たけのこと空豆と菜花のかき揚げ 甘酒レモンマスタード添え
2. 焼きかぶの昆布ディップ添え
3. 春キャベツと切り干し大根のコールスロー
4. かぶの葉玄米おむすび 味噌アリッサ添え
5. 梅とろろクミンスープ

＊彩りとして、かき揚げの下にうるいを敷き、コールスローの脇にラディッシュを添えています。

たけのこと空豆と菜花の かき揚げ 甘酒レモンマスタード添え

春野菜の風味と香りをひとつに閉じ込めて楽しんで。「甘酒レモンマスタード」が意外なほど合います。

材料（10個分）

たけのこ
（ゆでたもの、5mm厚さのひと口大に切る）
　… ¼個分
空豆（薄皮をむく） … 20粒
菜花（ざく切り） … 8本分
新玉ねぎ（3mm厚さに切る） … ¼個分
全粒薄力粉 … 100g
自然塩 … 小さじ⅓
炭酸水 … 100mℓ
揚げ油 … 適量
甘酒レモンマスタード（P11） … 適量

つくり方

❶ ボウルにたけのこ、空豆、菜花、新玉ねぎ、塩、全粒薄力粉を入れて具材に粉をまんべんなくまとわせる（**a**）。

❷ ①に炭酸水を加えて、粉気がだいたいなくなるまでさっくり混ぜる。10cm角に切ったオーブンシートを10枚用意して、タネを10等分してのせる（**b**）。

❸ 揚げ油を180℃に熱し、②を入れて揚げる。30秒ほどするとオーブンシートがはがれてくるので、取り除く（**c**）。菜箸でかき揚げひとつにつき2、3か所穴を開けて裏返し、2分ほどたってカリッと色よく揚がったら引き上げて、網に上げて油をきる。器に盛り、甘酒レモンマスタードを添える。

memo
・かき揚げのタネを混ぜるときは、粉気が見えなくなったらストップ。混ぜすぎると、かたくなってサクッとしません。

Spring 21

焼きかぶの昆布ディップ添え

皮つきのままオーブンで焼くと、ほどよい食感を保ちながらもジューシー。ディップはたっぷりつけて！

材料（4人分）
かぶ … 4個
EXVオリーブオイル … 適量
<u>出がらし昆布ディップ</u>（P16）
　… 適量

つくり方

❶ かぶは葉を切り落とし、お尻に十字に切り込みを入れる。

❷ 切り込みを上にして、アルミホイルで下半分だけを覆うようにキャンディ包みにし、オリーブオイルをかける。

❸ 180℃に熱したオーブンで②を40分ほど焼き、竹串がスッと入るくらいまでやわらかくなったら取り出す。器に盛り、出がらし昆布ディップを添える。

memo
・切り込みを入れることで、芯まで火が通りやすくなります。

材料（つくりやすい分量）
春キャベツ（3mm幅の細切り）… ¼個分（300g）
新玉ねぎ（繊維に沿って1mm厚さの薄切り）… ¼個分
切り干し大根（洗ってしっかり水気をしぼっておく）… 50g
アップルビネガー … 大さじ1
<u>豆乳マヨネーズ</u>（P8）… 170g
自然塩 … 大さじ½
黒こしょう … 少々

つくり方

❶ ボウルに新たまねぎ、切り干し大根、アップルビネガーを入れて軽く混ぜ、5分ほどおいておく。

❷ ①に残りの材料を加えて、よく和える。器に盛り、好みでパプリカパウダー（分量外）をふる。

memo
・切り干し大根はもどさずに使うことで、調味料を吸ってくれる役割も。プレートに盛りつけても、水分が出にくくなります。

・冷蔵で約3日間、保存可能。

春キャベツと
切り干し大根のコールスロー

やわらかなキャベツの風味に春を感じるサラダ。
切り干し大根を加えることで、味に奥行きが出ます。

かぶの葉玄米おむすび 味噌アリッサ添え

スパイシーな「味噌アリッサ」がこんなに玄米に合うなんて。おむすびが別次元のおいしさに！

材料（6個分）

玄米ご飯 … 600g
かぶの葉 … 6個分（150g）
味噌アリッサ（P13）、
　炒りごま（黒）… 各適量

つくり方

❶ かぶの葉は小口切りにし、塩小さじ1（分量外）をまぶして20分ほどおく。出てきた水気をしぼる。

❷ 玄米ご飯に①を混ぜ、4等分しておむすびにする。味噌アリッサをのせ、炒りごまをふる。

memo
・P22の「焼きかぶの昆布ディップ添え」で切り落とした葉をおむすびに使って。

梅とろろクミンスープ

「梅じそクミンチャツネ」がスープのもとに。カップにお湯を注ぐだけ！

材料（1人分）

梅じそクミンチャツネ（P16）… 5g
ミニトマト（ざく切り）… 1個分
とろろ昆布 … 1g
熱湯 … 150mℓ

つくり方

カップにすべての材料を入れて混ぜる。

memo
・とろろ昆布はだしが出て、具にもなるので一石二鳥。

Spring 23

Spring 02

高野豆腐南蛮の春野菜豆乳タルタルプレート

ちょっぴり地味な食材の高野豆腐。メウノータでは、大豆たんぱくなどのお肉の代用となる加工品を使わないので、この高野豆腐が大活躍します。ランチプレートの人気メニューのひとつが、「チキン南蛮」から発想を得た「高野豆腐南蛮の春野菜豆乳タルタル添え」。ひなびたイメージの高野豆腐が、こんなに華やかでボリュームのある一品に！こってりしているように見えるタルタルですが、じつは「豆乳マヨネーズ」に春野菜を混ぜたヘルシーなソース。同じプレートに盛り合わせる副菜は、色や形、調理法などに変化をつけます。「紫キャベツのマリネ」の鮮やかなアクセントに、「焼きアボカド」のこんがり焼き色。お皿に絵を描くような感覚で盛りつけてみてください。

Menu

1. 高野豆腐南蛮の春野菜豆乳タルタル添え
2. 紫キャベツのマリネ
3. 焼きアボカドの甘酒スイートチリソース
4. ひたし豆
5. 春採りかぶのポタージュ
6. 玄米ご飯 （コーヒー用ドリッパーで型抜きする。P36参照）

＊彩りとして、高野豆腐南蛮の下にサラダ菜を敷き、玄米ご飯に三つ葉を添えています。

高野豆腐南蛮の
春野菜豆乳タルタル添え

宮崎グルメの「チキン南蛮」を高野豆腐で！
食べごたえ満点のボリュームおかずです。

材料（4人分）

高野豆腐 … 4枚
全粒薄力粉 … 100g
水 … 150mℓ
メープル甘酢だれ（P8）… 100mℓ
揚げ油 … 適量

【春野菜豆乳タルタルソース】
豆乳マヨネーズ（P8）… 200g
菜花（塩ゆでして水気をしぼり、みじん切り）… 150g
新玉ねぎ（みじん切り）… ½個分
自然塩 … 小さじ½

つくり方

❶ 高野豆腐は水でもどして水気をしぼり、斜め半分に切る（a）。

❷ 【春野菜豆乳タルタルソース】の材料を混ぜ合わせる。

❸ ボウルに全粒薄力粉と水を入れ、ダマがなくなるまで混ぜて衣をつくる。

❹ 揚げ油を180℃に熱し、①の高野豆腐を衣にくぐらせて（b）、揚げる（c）。表面の衣が色づいて、さっくりしたら引き上げる。

❺ ④をメープル甘酢だれに浸して、器に盛る。②のタルタルソースを添える。

memo
・「メープル甘酢だれ」と「豆乳マヨネーズ」のW使いがおいしさの決め手！

紫キャベツのマリネ

ディルが香るさわやかなマリネ。プレートの中に鮮やかな紫色の料理が一品加わるととても華やか！

材料（つくりやすい分量）

紫キャベツ（3mm幅の細切り）… 1/4個分（300g）
オニオンヴィネグレットソース（P9）… 180g
ディル（みじん切り）… 15g
自然塩 … 少々
黒こしょう … 少々

つくり方

❶ 鍋に湯を沸騰させ、紫キャベツを1分ほどゆでて（a）、ザルに上げ、水気をきる。

❷ ボウルに①のキャベツ、オニオンヴィネグレットソース、ディルを加えて和える（b）。塩、黒こしょうで味を調える。

memo
・普通のキャベツでつくってもおいしいマリネです。
・冷蔵で約3日間、保存可能。

Spring **27**

焼きアボカドの甘酒スイートチリソース

アボカドを半分にカットして焼くだけ！
「甘酒スイートチリソース」の酸っぱ辛い味が合います。

材料（4人分）

アボカド … 2個
甘酒スイートチリソース（P11）… 適量
EXVオリーブオイル … 適量
自然塩 … 少々
小ねぎ（小口切り）… 適量

つくり方

❶ アボカドは縦半分に切り、種を取り、格子に切り目を入れる。

❷ ①を天板に並べ、オリーブオイルをまわしかけて塩をふり、230℃に予熱したオーブンで15分ほど焼く。器に盛って甘酒スイートチリソースをかけ、小ねぎを散らす。

memo
・切り目を入れることで火が通りやすくなります。

ひたし豆

「ヅケだれ」は薄めても旨味がしっかり。ゆでた豆を浸すだけだから、簡単！

材料（つくりやすい分量）

青大豆 … 200g
A ヅケだれ（P7）… 200ml
　水 … 600ml

つくり方

❶ 青大豆を600mlの水（分量外）にひと晩浸してもどす。

❷ 鍋にたっぷりの湯を沸騰させ、①の豆を入れて強火にかける。再び煮立ったら、塩ひとつまみ（分量外）を加え、アクを取りながら、弱火で6分ほどゆでる。

❸ 別の鍋にAを入れて強火にかけ、ひと煮立ちしたら火を止める。②の豆がゆであがったらザルで水気をきり、熱いうちに浸して味をなじませる。

memo
・1時間以上浸したら、食べごろ。粗熱が取れたら、冷蔵庫で保存を。
・冷蔵で3～4日間、保存可能。

春採りかぶのポタージュ

春のかぶのやさしい味わいに、新玉ねぎの甘味と新じゃがいもの香りをプラスして、クリーミーなスープに。

材料（4〜5人分）

かぶ（1cm角に切る）… 300g
新玉ねぎ（1cm角に切る）… 200g
新じゃがいも（1cm角に切る）… 100g
にんにく（つぶす）… ½片分（5g）
ローリエ … 1枚
水、無調整豆乳 … 各200mℓ
EXVオリーブオイル … 大さじ1
自然塩 … 小さじ1

memo
・好みで人肌程度に温めた豆乳（大さじ4）をミルクスチーマーでふわっと泡立ててのせると、よりきれいです（P25）。

つくり方

❶ 鍋にオリーブオイル、にんにく、ローリエを入れて中火にかける。にんにくが色づいて香りが立ってきたら玉ねぎ、塩を加えて、透き通るまで炒める。

❷ さらにかぶ、じゃがいもを入れて炒め（**a**）、全体に油がまわったら、水を加えて強火にする。煮立ったら弱火で10分ほど煮る。

❸ ローリエを取り出し、豆乳を加えて（**b**）、強火にする。ひと煮立ちしたら火を止め、ハンディブレンダーでなめらかになるまで撹拌する（**c**）。器に注ぎ分け、好みで黒こしょう（分量外）をふる。

Spring 03

ニース風サラダの スコーンプレート

春は畑がぐんぐん元気になってきて、葉ものや実の野菜がいきいきとしてきます。そんな野菜をたっぷり使った「ベジツナのニース風サラダ」。この「ベジツナ」、なんども改良を重ねたので、驚くほどレシピが簡単です。つくりおきの「オニオンヴィネグレットソース」さえあれば、フードプロセッサーをまわすだけで完成するので、火を使う必要もありません。このサラダに組み合わせるのが、甘味を加えずにつくる食事向けの「セイボリースコーン」。メウノータではいつもテイクアウト用にスコーンを焼いていますが、クロテッドクリームの代わりに「ヴィーガンバター」をのせるとリッチな味になります。これに「アスパラガスと新玉ねぎのポタージュ」があれば、もう幸せ。

Menu
1. ベジツナのニース風サラダ
2. アスパラガスと新玉ねぎのポタージュ
3. セイボリースコーン ヴィーガンバター添え

ベジツナのニース風サラダ

フランス伝統のニース風サラダは、春野菜でつくると最高。ベジツナがあれば、ヴィーガンスタイルに!

材料（2人分）

さやいんげん … 8本
菜花 … 6本
新じゃがいも … 1個
きゅうり … ½本
葉野菜（サニーレタス、グリーンリーフ、
　トレビスなど）… 150g
トマト（1個を12等分の
　くし形切りにしたもの）… 6切れ
パセリ（みじん切り）… 少々
ブラックオリーブ … 10個
ケッパー … 小さじ1
黒こしょう … 少々

【ベジツナ】
オニオンヴィネグレットソース（P9）
　… 180g
大豆水煮 … 75g
高野豆腐 … 18g×2枚
無調整豆乳 … 100mℓ
クルミ … 25g
ガーリックパウダー … 1g
自然塩 … 小さじ⅓

【ドレッシング】
EXVオリーブオイル … 60mℓ
赤ワインビネガー … 20mℓ
自然塩 … 小さじ⅓
ガーリックパウダー … 1g

つくり方

❶ 【ベジツナ】をつくる。高野豆腐を豆乳に浸してもどし、ちぎる。すべての材料をフードプロセッサーで撹拌し(**a**)、全体が均一に細かくなってツナ状になったら、ベジツナの完成(**b,c**)。

❷ 【ドレッシング】の材料を混ぜ合わせる。

❸ さやいんげん、菜花は塩ゆでして冷水にとり、水気をきって3cm長さに切る。新じゃがいもは皮つきのまま蒸してひと口大に切る。きゅうりは塩適量(分量外)で板ずりし、2mm厚さの斜め切りにする。器にこれらの野菜と葉野菜、トマトを彩りよく盛り、①のベジツナをのせてパセリをふる。ブラックオリーブとケッパーを散らして黒こしょうをふり、②のドレッシングをまわしかける。

memo
・ベジツナはつくりやすい分量になっています。サラダだけでなく、サンドイッチやおむすびの具にしたり、パスタや炒めものに使ってもおいしいです。
・冷蔵で約3日間、保存可能。

Spring 33

アスパラガスと新玉ねぎのポタージュ

アスパラガスの濃厚な味と香りを凝縮。だしとろみづけのためにえのきたけを加え、「ヴィーガンバター」で仕上げることでまろやかに!

材料（4〜5人分）

アスパラガス … 9本（200g）
新玉ねぎ（1cm角に切る）… 200g
えのきたけ（2cm長さに切る）… 170g
にんにく（つぶす）… ½片分（5g）
水、無調整豆乳 … 各200mℓ
NEWヴィーガンバター（P12）… 30g
自然塩 … 小さじ1½

つくり方

❶ アスパラガスは根元の皮をつなげたまま下の部分を5cmほどピーラーでむく（**a**）。根元をポキンと折り（**b**）、それもとっておく（かたい部分との境目で自然に折れる）。食べる部分は2cm長さに切る。

❷ 鍋に新玉ねぎ、えのきたけ、にんにく、①のアスパラガス（皮も一緒に）、水、塩を入れて強火にかける。沸騰したら蓋をして、弱火で10分ほど煮る。煮えたら蓋を開けて、アスパラガスの穂先（飾り用）を取り出し、皮は取り除く。

❸ 豆乳を加えて強火にし、煮立ったら火を止める。すぐにヴィーガンバターを加えて（**c**）、ハンディブレンダーでなめらかになるまで撹拌する（**d**）。器に注ぎ分け、好みでEXVオリーブオイル（分量外）をたらし、②の穂先を縦2等分して飾る。

memo

・アスパラガスの皮も捨てずに煮るのは、だしが出るから。冷製にしてもおいしいポタージュです。

セイボリースコーン ヴィーガンバター添え

"sweet"の対義語が"savory"、
つまり塩味のスコーン。
ヴィーガンバターを添えれば、食事にぴったり。

材料（10個分）

A 薄力粉、全粒薄力粉 … 各150g
　ベーキングパウダー（アルミニウム不使用）… 8g
　自然塩 … 小さじ½
　ナツメグ … 少々
紅花油 … 60g
無調整豆乳 … 100mℓ
NEWヴィーガンバター（P12）… 適量

memo
・紅花油は高オレイン酸で、有機・圧搾のものを選んでいます。このスコーンにはクセがない油が合うので、太白のごま油やグレープシードオイルを使っても。

つくり方

❶ フードプロセッサーにAを入れて、10秒ほど撹拌する。

❷ ①に紅花油を3回に分けて加えて、撹拌する。全体が均一にサラサラになったら、豆乳を少しずつ加えて撹拌し、生地がひとかたまりになってきたら（**a**）、ラップを敷いた作業台に取り出す。

❸ 生地を麺棒で20×20cmにのばし、スケッパー（なければ包丁）で4等分に切る（**b**）。層をつくるために4つの生地を重ね、再び20×20cmにのばす（**c**）。

❹ スケッパーで10等分の三角形に切り分け（**d**）、オーブンシートを敷いた天板に並べる。180℃に予熱したオーブンで20〜23分焼く。器に盛り、ヴィーガンバターを添える。

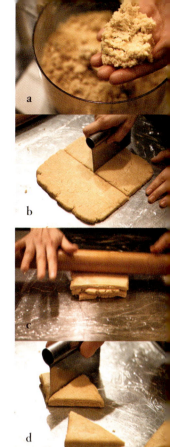

レンズ豆ファラフェルの エスニックプレート

エスニックな味が恋しくなる夏。なすやズッキーニなど、大好きな夏野菜をたっぷり盛り込んだプレートを考えてみました。主役はお店のメニューでも人気のある「ファラフェル」。通常はひよこ豆でつくりますが、じつはレンズ豆でつくってもおいしいんです。ひよこ豆と違って、時間をかけてもどす必要がなく、すぐに使えるのもレンズ豆のいいところ。さっぱりした「豆乳マヨネーズ」がよく合います。ピタパンに「ファラフェル」、さらに「焼きなすのディップ」を挟むのがおすすめ。「ズッキーニとパイナップルのリボンサラダ」に使った「パクチーレモンドレッシング」や、「クスクスのタブレ」に加えた「ナッツオイル」のココナッツ風味も、夏らしい味わいです。

Menu

1. レンズ豆とパプリカのファラフェル
2. 焼きなすのディップ
3. ズッキーニとパイナップルのリボンサラダ
4. クスクスのタブレ
5. ピタパン（市販）

＊好みで、ファラフェルにレタスやトマトなどの野菜を添えて、ピタパンに一緒に挟んで。彩りとして、タブレの下にトレビスを敷いています。

レンズ豆とパプリカのファラフェル

レンズ豆ならではのしっかりした食感は食べごたえあり。
パプリカの旨味とスパイスの効果で、あとをひく味！

材料（25〜30個分）

茶レンズ豆（皮つき）… 250g
A　赤パプリカ（ざく切り）… 120g
　　玉ねぎ（ざく切り）… 50g
　　パセリ（ざく切り）… 10g
　　パクチー（ざく切り）… 20g
　　にんにく（みじん切り）… 1片分（10g）
B　全粒薄力粉… 100g
　　クミンパウダー、
　　　コリアンダーパウダー… 各5g
自然塩… 小さじ1
揚げ油… 適量
豆乳マヨネーズ（P8）… 適量
小ねぎ（小口切り）… 適量

つくり方

❶ 鍋にレンズ豆、水600mℓ（分量外）を入れて強火にかける。沸騰したら塩ひとつまみ（分量外）を加えて弱火にし、15分ほどゆでる。やわらかくなったらザルに上げ、粗熱を取りながら水気をきる。

❷ フードプロセッサーにAの野菜を入れて（a）、みじん切りになるまで撹拌する。そこに①のレンズ豆、塩を加えて、均一になるまでさらに撹拌する（b）。

❸ ボウルに②とBを入れて混ぜ合わせ、ひと口大に丸める。

❹ 揚げ油を170℃に熱し、③を3〜5分揚げて、網に上げて油をきる。器に盛り、豆乳マヨネーズをかけて小ねぎを散らす。

memo
・レンズ豆は皮つきの茶レンズ豆を使います。皮をむいた赤レンズ豆はタネがまとまりにくいので避けてください。

焼きなすのディップ

香ばしく焼けた風味は、
なすを何倍にもおいしくする最高のスパイス。
「味噌アリッサ」で味が決まります。

材料（つくりやすい分量）

なす … 5本
A 味噌アリッサ（P13）… 20g
　練りごま（白）… 40g
　EXVオリーブオイル … 大さじ1⅓
　レモン汁 … 小さじ1
　自然塩 … 小さじ⅓
パプリカパウダー、パクチー（細かくきざむ）… 各適量

つくり方

❶ なすのヘタの周囲にぐるっと切り込みを入れ、お尻からヘタに向かって箸を刺して通し、穴を開ける。ガスコンロに焼き網を敷き、なすをのせて強火で焼く（**a**）。ときどき返し、皮全体が真っ黒に焦げるまで焼けたら、冷水にとって皮をむき（**b**）、ヘタを落とす。

❷ フードプロセッサーに①、Aを入れて（**c**）、全体がなめらかになるまで撹拌する。器に盛り、パプリカパウダーをふってパクチーを散らし、EXVオリーブオイル（分量外）をたらす。

memo
・なすを焼くときに箸を刺しておくと火の通りがよくなり、破裂も防げます。

Summer

ズッキーニとパイナップルのリボンサラダ

ピーラーでスライスしたズッキーニ。パイナップルを加えた甘酸っぱいドレッシングでさっぱりと味わいます。

材料（つくりやすい分量）

ズッキーニ … 1本
塩 … 少々
A パクチーレモンドレッシング（P10）… 40g
　パイナップル（5mm角に切る）… 100g
　ミント … 2g

つくり方

❶ ズッキーニはピーラーでリボン状にスライスし、塩をまぶして5分ほどおく。出てきた水気を軽くしぼる。

❷ ボウルにAを入れて混ぜ合わせる。

❸ 器に①のズッキーニを盛り、②をかける。

memo

・ズッキーニは塩をまぶすとしんなりしてカサが減るので、あまり長くおきすぎないように気をつけて。

クスクスのタブレ

クスクスでつくる、フランスのサラダ。
「ナッツオイル」とクミンの風味、
レモンのさわやかさがいいバランス。

材料（つくりやすい分量）

全粒粉クスクス … 125g
A 熱湯 … 125ml
　自然塩 … 小さじ½
きゅうり（みじん切り）… 1本分
赤玉ねぎ（みじん切り）… ⅛個分
トマト（5mm角に切る）… ½個分
パセリ（みじん切り）… 10g
ナッツオイル（P15）… 30g
レモン汁 … 大さじ1
クミンパウダー … 小さじ½
自然塩 … 小さじ¼

つくり方

❶ ボウルにクスクスとAを入れて混ぜ、ラップをかける（a）。5分ほど蒸らしたらラップを外し、クスクスがパラパラになるまでフォークなどでほぐす。

❷ ①の粗熱が取れたら、残りの材料をすべて加えて和える（b）。

memo
・クスクスは蒸したものを乾燥させているので、同量の熱湯をかけるだけでもどります。
・冷蔵で約3日間、保存可能。

Summer 43

Summer 02

揚げ出し夏野菜のプレート

鮮やかな夏の野菜は、シンプルに揚げ出しにするだけで、力強いおいしさが光ります。活躍するのが、めんつゆ感覚で使える「ヅケだれ」。このたれを水で割って沸かすだけで漬け汁になるのですが、「何でだしをとったの？」と聞かれるほどしっかりした旨味があります。副菜の「ひよこ豆と焼きオクラのサラダ」は、夏野菜のオクラを生のまま、油を使わずに焼くのがポイント。焼いた風味と「甘酒スイートチリソース」の相性がとてもいいんです。夏なので、あとはできるだけ火を使わず、「焼きかぼちゃのアールグレイペッパー風味」はオーブンまかせに。「パプリカとごまの冷製スープ」は加熱いらず、スムージーのように材料をハンディブレンダーで攪拌するだけです。

Menu

1. 揚げ出し夏野菜
2. 焼きかぼちゃのアールグレイペッパー風味
3. ひよこ豆と焼きオクラのサラダ
4. パプリカとごまの冷製スープ
5. 玄米ご飯

＊彩りとして、ひよこ豆と焼きオクラのサラダの下にサニーレタスを敷いています。

揚げ出し夏野菜

「ヅケだれ」を薄めると、まるでめんつゆの味！
季節の野菜を揚げ出しにして、楽しんでみて。

材料（4人分）

なす … 1本
ピーマン（乱切り）… 2個分
ゴーヤー（種とワタを除き、5mm厚さの輪切り）
　… ¼本分
ズッキーニ（5mm厚さの半月切り）… ¼本分
フルーツトマト（湯むきする）… 4個
大根おろし、おろししょうが … 各適量
青じそ（せん切り）… 8枚分
揚げ油 … 適量

【漬け汁】
　ヅケだれ（P7）… 100mℓ
　水 … 200mℓ

つくり方

❶ 鍋に【漬け汁】の材料を入れて中火にかけ、煮立ったら火を止める。

❷ なすはヘタを落とし、縦半分に切って、皮目に斜めに2〜3mm幅の飾り包丁を入れ、それをさらに縦半分に切る。

❸ 揚げ油を180℃に熱し、なすを1分強揚げて、①の漬け汁に浸す。ピーマン、ゴーヤー、ズッキーニはそれぞれ30秒ずつ揚げ、同じように揚がったら漬け汁に浸す。

❹ 器にフルーツトマト、③の野菜を彩りよく盛り、漬け汁をかける。大根おろし、おろししょうが、青じそをのせる。

memo
・揚げた野菜は熱いうちに漬け汁に浸すと、味がしっかりなじみます。

焼きかぼちゃのアールグレイペッパー風味

アールグレイの紅茶と黒こしょう、驚きの相性の良さ！かぼちゃの風味も引き立てます。

材料（つくりやすい分量）

かぼちゃ（7mm厚さに切る）… ¼個分
EXVオリーブオイル … 大さじ3
A　紅茶の茶葉（アールグレイ）… 3g
　　黒こしょう … 2g
　　自然塩 … 小さじ⅓

つくり方

❶ Aをミルサーで細かいパウダー状にする。

❷ ポリ袋にかぼちゃ、オリーブオイル、①のパウダーを入れ、袋の上からもむ。かぼちゃにオイルとパウダーがまんべんなくついたら、オーブンシートを敷いた鉄板に並べる。210℃に予熱したオーブンで、12分ほど焼く。

memo
・かぼちゃに均一に火を通すために、重ならないように並べてください。

Summer

材料（つくりやすい分量）

- ひよこ豆（ゆでたもの）… 200g
- オクラ … 20本
- **A** 甘酒スイートチリソース（P11）… 80g
  - カシューナッツ（ローストする）… 50g
  - 小ねぎ（小口切り）… 20g
  - しょうが（みじん切り）… 10g
- 自然塩、黒こしょう … 各少々

memo
・フライパンに油をひかずにオクラを焼く場合、アルミホイルを敷いたほうが表面にすすがつきにくく、焼き色もきれいに仕上がります。

つくり方

❶ 洗ったオクラに塩（分量外）をまぶし、表面の産毛を取って水で洗い流す。かたい軸の部分とガクを包丁でむく。

❷ フライパンにアルミホイルを敷き、①のオクラを並べて蓋をし、弱火で蒸し焼きにする。5分ほど加熱したら蓋を開けて裏返し（**a**）、さらに蓋をして2分ほど焼く。

❸ ボウルにひよこ豆、②のオクラ、Aを入れて和える。仕上げに塩、黒こしょうで味を調える。

a

ひよこ豆と焼きオクラのサラダ

甘辛酸っぱい「甘酒スイートチリソース」は、ひよこ豆とオクラのいいまとめ役。カシューナッツの食感もアクセントに。

パプリカとごまの冷製スープ

材料を攪拌するだけ、
ガスパチョのようなクイックスープ。
簡単にすませたい朝食にもおすすめです。

材料（4〜5人分）

赤パプリカ（ざく切り）… 3個分
無調整豆乳 … 300mℓ
EXV オリーブオイル … 大さじ3
炒りごま（白）… 30g
にんにく … ½片分（5g）
自然塩 … 小さじ1

つくり方

すべての材料を容器に入れて、ハンディブレンダーでなめらかになるまで攪拌し、冷蔵庫で冷やす。器に注ぎ、好みでパプリカパウダーと炒りごま（共に分量外）をふる。

memo

・ハンディブレンダーなら粗ごしの仕上がりに。ミキサーを使えば、よりなめらかになります。

夏野菜のココナッツカレープレート

動物性の食材を使わなくても、スパイスの組み合わせでいろいろな味が生まれるカレーって、本当に面白くて奥が深いなと思います。メウノータでもインドのカレー定食「ミールス」を出していますが、夏の定番は「ココナッツカレー」！ 耳慣れないスパイスも使っていますが、材料さえそろえてしまえば、炒めて煮るだけなので、意外と簡単につくれます。プレートに一緒に盛りつける副菜はつくりおきソースでラクしましょう。「カチュンバルサラダ」は和えるだけ。「とうもろこしの味噌アリッサ添え」は、蒸して「味噌アリッサ」を添えるだけ！ つくりおきソースは使いませんが、「みょうがのアチャール」も簡単でさっぱりとしたおいしさで、カレーによく合います。

Menu

1. 夏野菜のココナッツカレー
2. 玄米のココナッツライス（炊き立ての玄米ご飯200gにココナッツファイン10gを混ぜるだけ。好みでパクチーを添える）
3. 梅じそクミンチャツネ（P16）
4. カチュンバルサラダ
5. とうもろこしの味噌アリッサ添え
6. みょうがのアチャール

夏野菜のココナッツカレー

材料を炒めて煮るだけ。野菜の旨味を引き立てるスパイシーでさわやかな香り、ココナッツミルクの濃厚なコクがたまりません。

材料（4〜5人分）

玉ねぎ（繊維を断つように2mm厚さにスライス）… 2個分（400g）
しょうが（みじん切り）… 10g
青唐辛子（小口切り）… ½本分
パクチー（根と葉茎に分けて、共にみじん切り）… 1株分（15g）
カレーリーフ … 0.5g
なす（ひと口大の乱切り）… 4本分
ズッキーニ（ひと口大の乱切り）… 1本分
パプリカ（ひと口大の乱切り）… 2個分
トマト（ざく切り）… 1個分
ココナッツミルク … 800mℓ
ガラムマサラ … 10g
米油 … 大さじ3
自然塩 … 大さじ1

【スタータースパイス】
　クミンシード … 12g
　ブラウンマスタードシード … 4g
　ウラドダル（皮むきのひき割り）… 4g
　カルダモンホール … 4粒
　ヒングパウダー … 1g
　シナモンスティック … ½本

つくり方

❶ 鍋に米油と【スタータースパイス】を入れて中火にかける（a）。ウラドダルがきつね色になり、マスタードシードがパチパチ音をたててはじけてきたら、玉ねぎ、しょうが、青唐辛子、パクチーの根、カレーリーフ、塩を加えて、玉ねぎが透き通るまで炒める（b）。

❷ ①になす、ズッキーニ、パプリカを加えて、3分ほど中火で炒める。全体に油がまわったら、トマト、ガラムマサラを加えさらに1分ほど炒める。

❸ ②にココナッツミルクを加えて（c）、ひと煮立ちしたら弱火で5〜8分煮る。仕上げにパクチーの葉と茎を加えて、塩（分量外）で味を調える。器に盛り、好みでしょうがのせん切り（分量外）をのせる。

memo
・ウラドダルは豆の一種ですが、スパイスとして香ばしさを出す役割もあります。ヒングは独特なにおいがありますが、熱するとにんにくや玉ねぎのような香りが出ます。

カチュンバルサラダ

スパイスをきかせて和える、インドの生野菜のサラダ。
ざくざく切った野菜を、香りのいいドレッシングで和えるだけ。

材料（つくりやすい分量）

きゅうり（1cm角に切る）… 3本分
トマト（種を除き、1cm角に切る）… 2個分
赤玉ねぎ（1cm角に切る）… ½個分
パクチーレモンドレッシング（P10）… 200g
クミンパウダー … 2g
自然塩 … 小さじ½

つくり方

ボウルにすべての野菜、パクチーレモンドレッシング、クミンパウダーを入れて和える（**a,b**）。仕上げに、塩で味を調える。

memo

・クミンをプラスすることで、カレーとの相性がアップ！

とうもろこしの味噌アリッサ添え

蒸しただけのとうもろこしが、味噌アリッサを添えるだけで凝った一品に！ とうもろこしの甘味も引き立ちます。

材料（つくりやすい分量）

とうもろこし、味噌アリッサ（P13）… 各適量

つくり方

とうもろこしは、実のまわりを覆っている皮を2〜3枚残してむき、蒸気の上がった蒸し器で10分ほど蒸す。食べやすい大きさに切って器に盛り、味噌アリッサを添える。

memo

・薄皮で包んだ状態でとうもろこしを蒸すと、より旨味や香りを閉じ込めることができます。

みょうがのアチャール

アチャールは、インドではおなじみの野菜や果物のピクルス。カレーのつけ合わせにぴったりです。

材料（つくりやすい分量）

みょうが（繊維に沿って2mm厚さに切る）… 9本分
レモン汁 … 大さじ1
チリパウダー … 3g
自然塩 … 小さじ½

つくり方

すべての材料をポリ袋に入れ、袋の上から軽くもみ、空気を抜いて口を縛る。30分後くらいから、味がなじんで食べごろとなる。

memo

・チリパウダーは、チリペッパーにクミンなど複数の香辛料を混ぜたもの。アチャールをつくるのに便利です。

・冷蔵庫で約1週間、保存可能。

Summer

Autumn 01

秋にんじんの しんじょ春巻きプレート

にんじんは一年を通じて出回る野菜ですが、旬は秋から冬。甘みの増す秋にんじんでつくりたいのが、このプレートのメイン「秋にんじんのしんじょ春巻き」です。紅葉を思わせるにんじんの色に、海老しんじょをヴィーガン仕立てにして、春巻きにすることを思いつきました。春巻きには「甘酒スイートチリソース」を添えますが、これがまたビールにもよく合うんです。さらに、副菜の「きのこと厚揚げのトウチ炒め」は、「ヅケだれ」で味がしっかり決まる、簡単な一品。「きのこと雑穀のチャウダー」と共に、秋らしいきのこ尽くし。しっかりした味つけのおかずの合間に、「チンゲン菜の昆布サラダ」を挟むと口がさっぱり。バランスのいい組み合わせです。

Menu
1. 秋にんじんのしんじょ春巻き 甘酒スイートチリソース添え
2. きのこと厚揚げのトウチ炒め
3. チンゲン菜の昆布サラダ
4. きのこと雑穀のチャウダー
5. 玄米ご飯

＊彩りとして、春巻きにレタスとレッドキャベツを添えています。

秋にんじんのしんじょ春巻き 甘酒スイートチリソース添え

にんじんとおからのタネを、海苔と青じその香りで包みカラッと揚げます。「甘酒スイートチリソース」が相性抜群!

材料（10本分）

A にんじん … 125g
　玉ねぎ … 50g
　れんこん … 50g
　にんにく … ⅓片分（3g）

B おから … 125g
　全粒薄力粉 … 25g
　しょうゆ … 小さじ½
　自然塩 … 小さじ⅓

春巻きの皮 … 10枚
焼き海苔（6切）… 10枚
青じそ … 20枚
揚げ油 … 適量

甘酒スイートチリソース（P11）、
　砕いたピーナッツ … 各適量

つくり方

❶ Aをすべてざく切りにし、フードプロセッサーに入れてみじん切りにする（**a**）。

❷ ボウルに①、Bを入れて混ぜ合わせる（**b**）。

❸ 春巻きの皮の上に青じそ2枚、（**c,d**）海苔1枚を敷き、②のタネの1/10量をのせて巻く。巻き終わりは水溶き小麦粉（分量外）で留める。残りも同様につくる。

❹ 揚げ油を180℃に熱し、③を揚げる（**e**）。こんがり色づいてきたら取り出し、網に上げて油をきる。器に盛り、甘酒スイートチリソースにピーナッツを散らして添える。

memo
・この春巻きには「パクチーレモンドレッシング」（P10）もよく合います。

きのこと厚揚げのトウチ炒め

メインのおかずにもなる、食べごたえのある一品。
「ヅケだれ」のおかげで味がピタッと決まります。

材料（つくりやすい量）

きのこ（2cm長さに切ったえのきたけ、
　ひと口大に裂いたまいたけ、
　小房に分けたしめじなど）
　… 合計300g
厚揚げ（1cm厚さのひと口大に切る）
　… 1枚分（350g）
にんにく（みじん切り）… 1/2片分（5g）
しょうが（みじん切り）… 10g
トウチ（みじん切り）… 4g
ヅケだれ（P7）… 100ml
ごま油 … 大さじ1
自然塩 … ひとつまみ
黒こしょう … 少々
小ねぎ（小口切り）… 少々

つくり方

❶ フライパンにごま油、にんにく、しょうが、トウチを入れて弱火にかける。

❷ にんにくが色づいて香りが立ったら、きのこを加えて強火で炒める。

❸ きのこに焼き色がついたら、厚揚げを入れ、ヅケだれを加える。水分がなくなるまで炒めたら、塩、黒こしょうで味を調える。器に盛り、小ねぎを散らす。

memo
・大豆を発酵させたトウチの旨味、しょうゆベースの「ヅケだれ」の旨味の相乗効果で、食欲をそそる味つけに。

チンゲン菜の昆布サラダ

シャキシャキの歯ごたえが魅力のチンゲン菜、ゆでて和えるだけの、簡単サラダです。

材料（つくりやすい分量）

チンゲン菜 … 3株
クコの実 … 7g
A 出がらし昆布ディップ（P16）… 50g
　しょうゆ、EXVオリーブオイル、アップルビネガー
　　… 各大さじ1
　炒りごま（白）… 10g

つくり方

❶ チンゲン菜は1枚ずつはがして、葉と軸に切り分ける。軸は繊維に沿って7mm幅に切る。クコの実は水でもどして水気をきっておく。

❷ 沸騰した湯に塩ひとつまみ（分量外）を加えて、①のチンゲン菜の軸を30秒ゆで、葉を加えてさらに30秒ゆでる。冷水にとって、水気をしぼる（**a**）。

❸ ボウルにA、①のクコの実を入れて混ぜ（**b**）、②のチンゲン菜を加えて和える。

memo
・昆布の旨味は最強。粘りもあるので、調味料がチンゲン菜によくからみます。

材料（4〜5人分）

- きのこ（2cm長さに切ったえのきたけ、ひと口大に裂いたまいたけ、小房に分けたしめじなど）… 合計250g
- 玉ねぎ（1cm角に切る）… 200g
- にんじん（5mm角に切る）… 100g
- にんにく（みじん切り）… ½片分（5g）
- 雑穀ミックス… 80g
- 水… 400mℓ
- 豆乳… 400mℓ
- EXVオリーブオイル… 大さじ1
- ローリエ… 1枚
- 自然塩… 小さじ2
- ナツメグ… 少々
- パセリ（みじん切り）… 少々

つくり方

1. 鍋にオリーブオイル、にんにく、ローリエを入れて弱火にかける。にんにくが色づいて香りが立ったら玉ねぎと塩を加えて、中火で透き通るまで炒める。
2. にんじん、きのこを加えて炒め（a）、しんなりしてきたら、雑穀、水を加えて強火にする。ひと煮立ちしたら、弱火で15分ほど煮込む。
3. 豆乳、ナツメグを加えて混ぜ（b）、ひと煮立ちしたらできあがり。器に盛り、パセリを飾る。

memo
・豆乳は加熱しすぎると分離してしまうので、ひと煮立ちしたらすぐに火を止めます。

きのこと雑穀のチャウダー

きのこたっぷり、豆乳ベースのまろやかなスープです。雑穀は、ご飯と一緒に炊く「五穀米」などのミックスを使って。

エリンギかつプレート

旨味と香り、食感。とにかくいい仕事をしてくれるきのこは、メウノータの料理に欠かせない食材です。そして、好きなきのこトップ3に堂々ランクインするのが、エリンギ！ カリカリのフライ衣をまとわせて、こんがりきつね色になるまで揚げれば、プレートの立派な主役になります。「豆乳マヨネーズ」にケチャップを混ぜたピンクのオーロラソースをかけると、さらにおいしさが倍増します。副菜も、秋にんじんや秋なすに、さつまいも。秋の味覚がぎっしり。蒸し焼きにする、ゆでて和える、オーブンで焼いて混ぜる……と、できるだけ異なる調理法の副菜を組み合わせることで味わいに変化がつき、バランスのとれたプレートに仕上がります。

Menu

1. エリンギかつのオーロラソースがけ
2. 秋にんじんとかぶのローズマリー蒸し
3. 秋なすのバルサミコナッツオイル
4. 焼き芋サラダ
5. 豆腐の梅じそクミンチャツネ添え
    （豆腐にP16の「梅じそクミンチャツネ」をのせて、穂じそを飾るだけ）
6. 黒米入り玄米ご飯
    （玄米の1割を黒米にして、いつも通りに炊飯する。盛りつけて白炒りごまをふる）

＊彩りとして、秋なすのバルサミコナッツオイルの下にえごまの葉を、焼き芋サラダの下にチコリを敷いています。

62

エリンギかつの
オーロラソースがけ

カリカリに揚がったエリンギに、
「豆乳マヨネーズ」ベースの甘めのソースがいい感じ。
ビールにも合うおかずです。

材料（4人分）

エリンギ … 4本
全粒薄力粉 … 120g
水 … 150mℓ
自然塩 … ひとつまみ
パン粉 … 100g
揚げ油 … 適量

【オーロラソース】
豆乳マヨネーズ（P8）… 50g
トマトケチャップ … 50g

つくり方

① エリンギは食べやすい大きさに縦に2〜4等分に裂き（a）、ポリ袋に入れて全粒薄力粉20gをまぶす（b）。

② ボウルに残りの全粒薄力粉、水、塩を入れてダマがなくなるまで混ぜる。①のエリンギをくぐらせて（c）、パン粉をまぶす（d）。

③ 揚げ油を180℃に熱し、こんがり色づくまで揚げる。器に盛り、【オーロラソース】の材料を混ぜ合わせて（e）、かける。好みで、せん切りキャベツとレモン（各分量外）を添える。

memo
・先に薄力粉をまぶしておくと、エリンギにしっかり衣がつきます。

Autumn

秋にんじんとかぶのローズマリー蒸し

にんにくとローズマリーの香りをまとわせて蒸し焼きに。根菜の甘味を「塩だれ」が引き出します。

材料（つくりやすい分量）

秋にんじん（7mm厚さの輪切り）… 1本分
かぶ（6等分のくし形切り）… 2個分
にんにく（包丁の腹でつぶす）… 1片分
EXVオリーブオイル … 大さじ2
ローズマリー … 1本
塩だれ（P7）… 40mℓ

つくり方

❶ フライパンにオリーブオイル、にんにくを入れて弱火にかける。にんにくが色づいて香りが立ったら、にんじん、かぶを並べ（**a**）、ローズマリーをちぎって上に散らし、中火で焼く。

❷ にんじんとかぶに焼き色がついたら、裏返して（**b**）、塩だれを加える。蓋をして弱火で2分半ほど蒸し焼きにする（**c**）。

memo

・「塩だれ」でしっかり味がつくので、冷めてもおいしいです。

秋なすのバルサミコナッツオイル

「ナッツオイル」にしょうゆとバルサミコ酢を混ぜてアレンジ。あっさりしているなすにぴったりのソースに。

材料（つくりやすい分量）

なす（縦4等分に切る）… 4本分
自然塩 … 少々

【バルサミコナッツオイル】
　ナッツオイル（P15）… 40g
　バルサミコ酢 … 大さじ1
　しょうゆ … 大さじ1
　小ねぎ（小口切り）… 20g

つくり方

❶ 沸騰した湯に酢少々（分量外）を加えて、なすを5分ほどゆでる。やわらかくなったら冷水にとり、軽く水気をしぼり、塩をふっておく。

❷ ボウルに【バルサミコナッツオイル】の材料を入れて混ぜ合わせる。器に盛った①のなすにかける。

memo
・お酢を加えた湯でゆでることで、なすの皮の色がきれいに仕上がります。

材料（つくりやすい分量）

さつまいも … 1本（300g）
A　酒粕レーズン味噌（P14）… 80g
　　無調整豆乳 … 30mℓ
　　EXVオリーブオイル … 大さじ1
　　黒こしょう … 適量

つくり方

❶ さつまいもはアルミホイルで包み、170℃に予熱したオーブンで1時間ほど焼く。

❷ ①の焼き芋をマッシャーなどでつぶし、Aを加えて混ぜる。

memo
・焼き芋の皮は、好みでむいてください。

焼き芋サラダ

「酒粕レーズン味噌」があれば、あっという間に完成！
焼き芋は買ってきたものを使ってもいいんです。

ハッシュド マッシュルームプレート

ひと口食べれば、濃厚なコク。まるでフォン・ド・ボーを加えたデミグラスソースのような深い味わいに「本当にヴィーガン料理なの?」ときっと驚くはずです。「ハッシュドビーフ」ならぬ「ハッシュドマッシュルーム」の旨味の秘密は、たっぷりのきのこと野菜。さらに、赤ワインやココアパウダーなども加えて、じっくり煮込んでつくります。そして、一緒に盛り合わせるつけ合わせをつくるのに活躍するのが、つくりおきソースの「NEWヴィーガンバター」。マッシュポテトに混ぜればミルキーな風味に、りんごをソテーすれば、焼きりんご風に。グリーンが色鮮やかな「ルッコラとイチジクのサラダ」を添えたら、気の利いた洋風ワンプレートの完成です!

Menu

1. ハッシュドマッシュルーム
2. 里芋マッシュポテト
3. りんごのヴィーガンバター焼き
4. ルッコラとイチジクのサラダ
5. ターメリック玄米ご飯
   (玄米2合に対して、ターメリック1g、EXVオリーブオイル小さじ½、塩少々を加えて、いつも通りに炊飯するだけ)

*彩りとして、ハッシュドマッシュルームにセルフィーユを添えています。

ハッシュドマッシュルーム

動物性の食材を使わなくても、きのこの力はすごい！デミグラスソースのような濃厚なコクに驚くはずです。

材料（4〜5人分）

きのこ（2cm長さに切ったえのきたけ、ひと口大に裂いたまいたけ、小房に分けたしめじ、3mm厚さに切ったマッシュルーム）… 合計400g
玉ねぎ（繊維を断つように1mm厚さに切る）… 400g
セロリ（1mm厚さの斜め薄切り）… 50g
にんじん（1mm厚さのいちょう切り）… 50g
赤パプリカ（縦に4等分し、繊維を断つように1mm厚さに切る）… 1個分
にんにく（つぶす）… 1片分(10g)
ホールトマト（缶、つぶす）… 240g

赤ワイン … 200mℓ
ココアパウダー … 10g
ローリエ … 1枚
EXVオリーブオイル … 大さじ2
自然塩 … 大さじ1弱
黒こしょう … 少々
A しょうゆ、バルサミコ酢 … 各大さじ½
　ナツメグ … 少々

つくり方

❶ 鍋にオリーブオイル、にんにく、ローリエを入れて弱火にかける。にんにくが色づいて香りが出たら、玉ねぎ、セロリ、塩を加え、あめ色になって甘味が出るまで中火で炒める。

❷ にんじんを加えて、弱火で3分ほど炒める。赤パプリカ、きのこを加えて中火で炒める（**a**）。

❸ きのこがしんなりしたら、ココアパウダー、赤ワインを加える（**b,c**）。煮立ってアルコール分がとんだら、ホールトマト、**A**を加えて（**d**）、弱火で15分ほど煮込み、仕上げに塩少々（分量外）、黒こしょうで味を調える。

memo
・きのこを3種類以上使うと、おいしく仕上がります。

里芋マッシュポテト

「ヴィーガンバター」のおかげでこんなにミルキー！ほんの少しのナツメグがきいてます。

材料（つくりやすい分量）

里芋 … 6個（皮をむいて300g）
A 無調整豆乳 … 100mℓ
　NEW ヴィーガンバター（P12）… 60g
　自然塩 … 小さじ½
　ナツメグ … 少々

つくり方

❶ 里芋は皮をむいて乱切りにし、塩（分量外）をもみこんで水洗いする。

❷ 鍋に①の里芋とかぶるくらいの水を入れ、強火にかけてゆでこぼす。里芋を取り出して鍋を洗い、再び里芋を戻してひたひたの水を入れ、強火にかける。沸騰したら弱火にして、竹串がスッと通るまでゆで、ザルに上げる。

❸ ②の鍋を洗い、再び里芋を戻し入れる。**A**を加えて強火にかけ（**a**）、ひと煮立ちしたら火を止める（**b**）。ハンディブレンダーでなめらかになるまでつぶす。好みでピンクペッパー（分量外）をふる。

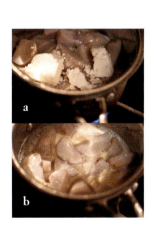

memo
・里芋は粘りが強い根菜。一度ゆでこぼして粘りを取ることで、マッシュしたときにちょうどいい食感になります。

Autumn 71

りんごのヴィーガンバター焼き

うんとシンプルなのに、うんと洒落ておいしい。
「ヴィーガンバター」ならヘルシーなのもうれしい。

材料（つくりやすい分量）

りんご … 1個
EXVオリーブオイル … 少々
NEWヴィーガンバター（P12）… 1切れにつき10g

つくり方

❶ りんごは横に1cm厚さの輪切りにし（a）、芯をペットボトルのキャップなどで抜く（b）。

❷ フライパンにオリーブオイルをひいて中火にかけ、①のりんごを両面が色づくまで焼き、ヴィーガンバターを加えてからめる。好みで、ピンクペッパー（分量外）をふる。

memo
・ヴィーガンバターは風味がとばないように最後に入れます。

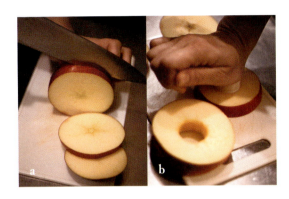

ルッコラとイチジクのサラダ

「オニオンヴィネグレットソース」で和えるだけの簡単サラダ。イチジクの甘味がアクセントになります。

材料（つくりやすい分量）

ルッコラ … 120g
ドライイチジク（2〜4等分にちぎる）… 50g
オニオンヴィネグレットソース（P9）… 120g
自然塩 … 少々
黒こしょう … 適量

つくり方

ボウルにすべての材料を入れて和える。

memo
・時間がたつとルッコラから水分が出てくるので、食べる直前に和えてください。

Winter 01

白菜と車麩の魯肉飯プレート

台湾のおふくろの味、魯肉飯。あめ色に煮込んだ豚の三枚肉のように見えますがじつはこれ、車麩です。味つけのベースになるのは、つくりおきの「ヅケだれ」。さらに、コトコト煮た白菜からじんわりいいだしが出て、八角の風味も加わり、それを吸った車麩は最高においしくなります。旨味を加えるために干し椎茸を入れようかなとも考えたのですが、白菜の味は思いのほかしっかりしているので、シンプルに仕上げても充分。また、副菜にもつくりおきソースが大活躍。赤かぶを「甘酒レモンマスタード」で漬物にしたり、ごぼうを焼いて「酒粕レーズン味噌」を添えたり。「塩だれ」は、「焦がしねぎと豆腐のゆずしょうがスープ」のベースにも使っています。

Menu

1. 白菜と車麩の魯肉飯
2. 冬キャベツの磯和え
3. 赤かぶの甘酒レモンマスタード漬け
4. 焼きごぼうの酒粕レーズン味噌添え
5. 焦がしねぎと豆腐のゆずしょうがスープ

白菜と車麩の魯肉飯

白菜と車麩をスパイスをきかせて煮込めば、
台湾の食堂の香り！ 玄米がよく合います。

材料（4～5人分）

白菜 … 1/6株（400g）
玉ねぎ … 1個（200g）
しょうが（みじん切り）… 10g
車麩 … 100g（4枚）
片栗粉 … 25g
ごま油 … 大さじ2
A ヅケだれ（P7）… 200mℓ
　水 … 200mℓ
　黒糖 … 10g
　五香粉 … 2g
　粉山椒 … 2g
　八角 … 1/3個

玄米ご飯 … 適量
白髪ねぎ、レッドキャベツのスプラウト
　… 適量

つくり方

1. 玉ねぎは繊維に沿って薄切りにする。白菜は葉と軸に分けて、葉はざく切りにし、軸は繊維を断つように7mm幅のせん切りにする。
2. 車麩はぬるま湯につけてもどし、水気をしぼる。1枚を8等分に切り、片栗粉をまぶす。
3. フライパンにごま油大さじ1をひいて中火にかけ、②の車麩を両面に焼き色がつくまで焼く（a）。
4. 別の鍋に残りのごま油をひいて中火にかけ、①の玉ねぎ、しょうがを炒める。玉ねぎに透明感が出たら、白菜を加えてしんなりするまでさらに炒める（b）。
5. ④に③の車麩とAを加えて強火にし（c）、ひと煮立ちしたら弱火にする。汁気が少なくなり、味がなじむまで煮込む。玄米ご飯にかけて、白髪ねぎとスプラウトを飾る。

memo
・車麩に片栗粉をまぶしてから煮込むと、とろみがついてご飯にかけやすくなります。

冬キャベツの磯和え

冬キャベツはゆでて甘さを引き出します。
あとは「ヅケだれ」とごま油で和えるだけ！

材料（つくりやすい分量）

キャベツ … 1/4個（300g）
焼き海苔（全型）… 3枚
自然塩 … 適量
A ヅケだれ（P7）… 60mℓ
　ごま油 … 大さじ1
　炒りごま（白）… 大さじ1

つくり方

1. キャベツを3cm角のざく切りにし、塩ひとつまみを加えた湯で2分ほどゆでる。ザルに上げて水気をきる。
2. ボウルに①のキャベツ、ちぎった海苔、Aを加えて和え、塩で味を調える。

memo
・水っぽくならないように、しっかり水気をきってから和えて。

Winter 79

赤かぶの甘酒
レモンマスタード漬け

ソースがあれば、こんな即席漬けも簡単！
甘味と酸味がいい箸休めになります。

材料（つくりやすい分量）

赤かぶ … 大1個（350g）
自然塩 … 小さじ⅔
甘酒レモンマスタード（P11）
　… 60g

memo
・レモンの酸で赤かぶの色が鮮やかになります。

つくり方

❶ 赤かぶは薄く皮をむいて1mm厚さの半月切りにする。塩をまぶして20分ほどおき、出てきた水気を手でしぼる。

❷ ポリ袋に①と甘酒レモンマスタードを入れてもみ、空気を抜いて袋の口を縛って冷蔵庫に入れ、1時間ほど味をなじませる。

焼きごぼうの
酒粕レーズン味噌添え

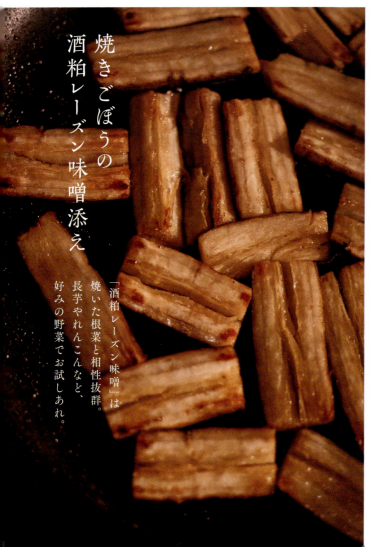

「酒粕レーズン味噌」は焼いた根菜と相性抜群。長芋やれんこんなど、好みの野菜でお試しあれ。

材料（つくりやすい分量）

ごぼう … 1本（240g）
EXVオリーブオイル … 大さじ1
自然塩 … ひとつまみ
酒粕レーズン味噌（P14）… 適量

つくり方

❶ ごぼうはよく洗い、縦半分に切ってから、すりこぎなどで軽くたたいて繊維を壊す。それをさらに5cm長さに切って、5分ほど水にさらしてアクを抜く。キッチンペーパーで水気をふき取る。

❷ フライパンにオリーブオイル、塩を入れて弱火にかける。塩が油に溶けたら、①のごぼうを並べて中火で焼く。片面に焼き色がついたら返して、水50mℓ（分量外）を加えて蓋をし、3分ほど弱火で蒸し焼きにする。

❸ ②を器に盛り、酒粕レーズン味噌を添える。

memo
・塩を油に溶かしてからごぼうを焼くと、ムラなく味がついておいしく仕上がります。

焦がしねぎと豆腐の ゆずしょうがスープ

炒めた香味野菜の香りとゆずの香りがホワッ！「塩だれ」を白だし感覚で使うスープです。

材料（4〜5人分）

長ねぎ（小口切り）
　… 大1本分（140g）
しょうが（みじん切り）… 25g
木綿豆腐（1cm角に切る）
　… 1丁分（350g）
水 … 500mℓ
ごま油 … 大さじ1½
自然塩 … 小さじ⅓
A 塩だれ（P7）… 100mℓ
　ゆずのしぼり汁 … 12g
　ゆずの皮（せん切り）… 適量

小ねぎ（小口切り）… 2本分

つくり方

❶ 鍋にごま油をひいて弱火にかけ、長ねぎ、しょうがを入れる。長ねぎがきつね色になるまで炒める（a）。

❷ ①に水を加えて強火にし、ひと煮立ちしたらAを入れ（b）、豆腐を加えて温まるまで中火で煮て、最後に塩で味を調える。

❸ 器に盛り、小ねぎを飾る。

memo
・好みで仕上げにもゆずの皮をのせると、より香りが引き立ちます。

Winter

Winter 02

揚げ大根餅プレート

甘くてみずみずしい冬の大根でつくる、メウノータ流の大根餅。お店のランチプレートでもよく出しているメニューです。普通は餅生地を蒸してから焼きますが、ここで紹介するレシピは揚げるだけ！ 手順を省いて簡単にしたのですが、「メープル甘酢だれ」を使ったねぎ入りソースがこんがり揚がった表面によくからんで、かえっておいしく仕上がる気がします。つけ合わせには、鮮烈な春菊の香り、ごぼうの土の香り、カリフラワーの甘い香り……。冬の香り尽くしの副菜がきっと、食欲をかき立ててくれるはず。「炒り大豆入りの玄米ご飯」は、節分豆の残りを加えて炊きました。大豆の香ばしさも加わって、冬ならではのおいしいプレートです。

Menu

1. 揚げ大根餅
2. 春菊とアーモンドのサラダ
3. ごぼうとセロリのコリアンダーきんぴら
4. カリフラワーのポタージュ
5. 炒り大豆入り玄米ご飯
　（玄米の1割を炒り大豆にして、いつも通りに炊飯するだけ）

＊彩りとして、大根餅には青じそと紅芯大根を敷いて、糸唐辛子をのせ、ポタージュには食用菊を飾っています。

揚げ大根餅

こんがり、もっちり、あとをひく味！
甘辛酸っぱいソースでさらにおいしく。

材料（12個分）

大根（皮つきのままざく切り）… 250g
玉ねぎ（ざく切り）… 50g
全粒薄力粉 … 100g
片栗粉 … 20g
自然塩 … 小さじ⅓
揚げ油 … 適量

【甘酢ねぎソース】
メープル甘酢だれ（P8）… 50mℓ
長ねぎ（みじん切り）… 50g
しょうが（みじん切り）… 5g
炒りごま（白）… 小さじ1
ごま油 … 小さじ½

つくり方

❶ 大根、玉ねぎをフードプロセッサーでみじん切りにする（a）。ボウルに移し、全粒薄力粉、片栗粉、塩を加えて粉気がなくなるまで混ぜ合わせる（b）。

❷ 【甘酢ねぎソース】の材料をすべて混ぜ合わせておく。

❸ 揚げ油を180℃に熱し、①を2本のスプーンでひと口大にまとめて（c）、落とし入れる。浮いてこんがり色づいてきたら取り出し、網に上げて油をきる。

❹ ③を器に盛り、②のソースをかける。

memo
・「甘酢ねぎソース」は、「油淋鶏」にかけるソースをイメージして考えました。

春菊とアーモンドのサラダ

旬の春菊は生で食べると、まるで和のハーブ。「ナッツオイル」の香ばしさがよく合います。

材料（つくりやすい分量）

春菊 … 150g
スライスアーモンド … 15g
ナッツオイル（P15）… 30g
レモン汁 … 15g
自然塩 … 小さじ⅓
黒こしょう … 適量
レモンの皮（すりおろす）… 適量

つくり方

❶ 春菊は葉と茎に分けて、茎は斜め薄切り、葉は大きいものは食べやすい大きさにちぎっておく。

❷ スライスアーモンドは150℃に予熱したオーブンで、15分ほど空焼きする。

❸ ボウルにナッツオイル、レモン汁、塩を入れて混ぜ合わせたら、②のアーモンド、黒こしょう、①の春菊を加えて和える。器に盛り、レモンの皮をすりおろして散らす（a）。

memo
・春菊の太い茎は、斜め薄切りにすると、食感もよく食べやすくなります。

ごぼうとセロリのコリアンダーきんぴら

セロリとコリアンダーの爽快な香りが、ごぼうにぴったり。
きっと、食べたことのないおいしさだと思います。

材料（つくりやすい分量）

ごぼう … ½本（120g）
セロリ … 1本（120g）
コリアンダーシード … 1.5g
輪切り赤唐辛子（乾燥）… 0.2g
EXVオリーブオイル … 大さじ1
塩だれ（P7）… 40mℓ
自然塩 … 少々
黒こしょう … 適量

つくり方

❶ ごぼうは5cm長さ、2mm角の細切りにし、水にさらしてアクを抜く。セロリは、茎の部分をごぼうのサイズにそろえて細切りにし、葉は2mm幅のせん切りにする（**a**）。

❷ フライパンにオリーブオイルをひき、コリアンダーシードを入れて弱火にかける。シードから香りが立って軽く色づいてきたら（**b**）、①のごぼう、唐辛子を加えて、強火で1分ほど炒める。①のセロリを加えて、さらに1分ほど炒める（**c**）。

❸ ②に塩だれを加えて水気がなくなるまで炒め（**d,e**）、塩、黒こしょうで味を調える。

memo
・冷めても味がなじんで、おいしいお総菜です。

86

材料（4〜5人分）

- カリフラワー（小房に分ける）… 200g
- 玉ねぎ（1cm角に切る）… 200g
- にんにく（つぶす）… ½片分（5g）
- ローリエ … 1枚
- 水 … 200mℓ
- 無調整豆乳 … 200mℓ
- EXVオリーブオイル … 大さじ1
- ナツメグ … 少々
- 自然塩 … 小さじ1⅓
- 黒こしょう … 少々

memo
・カリフラワーの白さをいかして仕上げたいので、玉ねぎは焦がさないように気をつけて。

つくり方

❶ 鍋にオリーブオイル、にんにく、ローリエを入れて中火にかける。にんにくが色づいて香りが出たら、玉ねぎ、塩を加えて、透明感が出るまで炒める。カリフラワーを加えて、全体に油がまわったら水を加えて強火にする（**a**）。

❷ ①がひと煮立ちしたら弱火にして、10〜15分ほど、カリフラワーがくたくたになるまで煮る（**b**）。

❸ ②のローリエを取り出し、豆乳、ナツメグを加えて、中火で煮る。ふつふつと沸いてきたら火を止め、ハンディブレンダーで全体がなめらかになるまで攪拌する（**c**）。器に注ぎ、オリーブオイル少々（分量外）をたらし、黒こしょうをふる。

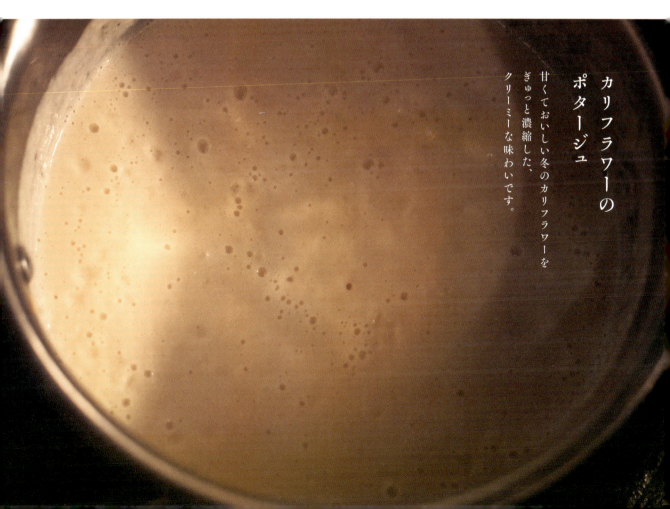

カリフラワーのポタージュ

甘くておいしい冬のカリフラワーをぎゅっと濃縮した、クリーミーな味わいです。

| Winter 03 |

小豆のフェイジョアーダ風プレート

ブラジルの郷土料理「フェイジョアーダ」。本来はフェイジョン豆と豚の内臓などをじっくり煮込んでつくる料理ですが、ここで紹介するレシピで使うのは、小豆とたっぷりの野菜。フェイジョアーダと相性がいいさっぱりとした野菜のソース「モーリョ」は、冬らしく根菜でつくります。副菜に添えた色鮮やかなサラダは、生のビーツを「豆乳マヨネーズ」ベースのドレッシングで和えた「ビーツのシーザーサラダ」。「焼きれんこん」と「焼きブロッコリー」はオーブンでまとめて焼き、別々の料理に展開させるのがポイント。れんこんは「味噌アリッサ」を添えるだけ、ブロッコリーは「ヴィーガンバター」をからめるだけです。つくりおきソースがあれば副菜もあっという間に仕上がります。

Menu

1. 小豆のフェイジョアーダ風
2. 根菜モーリョ
3. ビーツのシーザーサラダ
4. 焼きれんこんの味噌アリッサ添え
5. 焼きブロッコリーのヴィーガンバター和え
6. 玄米ご飯

＊彩りとして、フェイジョアーダ風にはオレンジとパクチーを添えて、シーザーサラダにはロメインレタスを敷いています。

小豆のフェイジョアーダ風

小豆なら水もどしがいらないから、煮込むのがラク！
玄米ご飯にかけておいしい豆料理。
根菜モーリョを添えて召し上がれ。

材料（4〜5人分）

小豆 … 200g
玉ねぎ（1cm角に切る）… 250g
にんにく（みじん切り）… ½片分（5g）
ローリエ … 1枚
ピーマン（粗みじん切り）… 3個分
パクチー（刻む）… 10g
ホールトマト（缶）… 60g
白ワイン … 50mℓ
水 … 600mℓ
EXVオリーブオイル … 大さじ1
自然塩 … 小さじ1⅓
しょうゆ … 小さじ2

memo
・小豆を圧力鍋で煮る場合は、圧力がかかったら弱火で15分ほど加熱してください。

つくり方

❶ 鍋に小豆とたっぷりの水を入れ、沸騰したら湯を捨てる。もう1回、同じようにゆでこぼして渋抜きをした小豆を鍋に入れ、分量の水を入れて強火にかける。ひと煮立ちしたら弱火にして、1時間ほどやわらかくなるまで水を差しながら煮る。

❷ 別の鍋にオリーブオイル、にんにく、ローリエを入れて中火にかける。にんにくが色づいて香りが立ったら、玉ねぎと塩を加えて透明感が出るまで炒める（**a**）。

❸ ②にピーマン、パクチーを加えて炒め（**b**）、油がまわったら白ワインを加えてアルコールをとばし、つぶしたホールトマトを加えて2分ほど炒める（**c**）。そこへ①の小豆と水300mℓ（分量外）を加えて強火にし（**d,e**）、ひと煮立ちしたら弱火で10分ほど煮込む。塩（分量外）、しょうゆで味を調える。

材料（つくりやすい分量）

大根（5mm角に切る）… 50g
ごぼう（5mm角に切る）… 50g
にんじん（5mm角に切る）… 50g
トマト（種を除き、果肉を5mm角に切る）
　　… ½個分
ピーマン（みじん切り）… 2個分
自然塩 … 小さじ½
<u>パクチーレモンドレッシング</u>（P10）
　　… 200g

つくり方

❶ 鍋に湯を沸かして塩ひとつまみ（分量外）を加える。大根、ごぼう、にんじんを1分弱ゆでて、ザルに上げて冷ます。

❷ 冷めたら、すべての材料を混ぜ合わせる。

根菜モーリョ
酸味のきいたさわやかなソース。具だくさんのフェイジョアーダと一緒に！

ビーツのシーザーサラダ

ビーツって、じつは生で食べてもおいしいのです。
シャキシャキのせん切りをドレッシングで和えるだけ！

材料（つくりやすい分量）

ビーツ … 1個（250g）

自然塩 … 少々

【シーザードレッシング】
豆乳マヨネーズ（P8）… 100g
黒こしょう … 1g
にんにく（すりおろし）… 1/3片分（3g）
酒粕 … 3g

memo
・「豆乳マヨネーズ」に酒粕を少し加えることで、チーズのような発酵の旨味のあるドレッシングになります。
・シーザードレッシングでゆでたじゃがいもを和えてもおいしいです。

つくり方

❶ 【シーザードレッシング】のすべての材料を容器に入れ、なめらかになるまでハンディブレンダーで撹拌する（**a**）。

❷ ビーツは皮をむいて繊維に沿ってせん切りにする。冷水にさらしてシャキッとさせたらザルに上げ、しっかり水気をきる。

❸ ②を①のドレッシングで和え、塩で味を調える（**b,c**）。

焼きれんこんの味噌アリッサ添え
焼きブロッコリーのヴィーガンバター和え

2種類の冬野菜をまとめてオーブンで焼いて、別々の味つけで仕上げれば、ふたつの副菜がいっぺんに！

材料（つくりやすい分量）

【焼きれんこんの味噌アリッサ添え】
- れんこん … 1節（250g）
- EXVオリーブオイル … 大さじ2
- 自然塩 … 小さじ1/3
- 味噌アリッサ（P13）… 適量

【焼きブロッコリーのヴィーガンバター和え】
- ブロッコリー … 大1株（350g）
- EXVオリーブオイル … 大さじ1
- 自然塩 … 小さじ1/3
- NEWヴィーガンバター（P12）… 30g

つくり方

❶ れんこんは皮つきのまま1cm幅の輪切りにする。ブロッコリーは小房に分け、茎は皮をむいて1cm厚さの斜め切りにする。

❷ れんこんとブロッコリーにそれぞれ、オリーブオイルと塩をからめ、オーブンシートを敷いた天板に並べる。200℃に予熱したオーブンにれんこんを先に入れ、25分ほど焼く。ブロッコリーは、れんこんを入れてから15分後に時間差でオーブンに入れ、10分ほど焼く（**a**）。

❸ オーブンからブロッコリーを取り出し、温かいうちにヴィーガンバターでからめる（**b**）。れんこんは器に盛り、味噌アリッサを添える。

memo
・れんこんのほうが火が通るのに時間がかかるので、時間差でオーブンに入れるのがポイント！

Winter

この本で使っている調味料&食材を紹介します

「メウノータ」で使っている調味料や食材は、できるだけ昔ながらの製法で
つくられていて、添加物を使っていない、おいしいものを選んでいます。

調味料

[しょうゆ]

国産の丸大豆でつくられたものを選んでいます。伝統的な木樽で1年以上熟成させてつくられる「茜醤油」は、あっさりすっきりとした旨味があり、野菜料理によく合うので使いやすいしょうゆです。(オーサワジャパン)

[自然塩]

精製塩ではなく、ミネラルを豊富に含む自然塩を選んでいます。沖縄の「シママース」は値段も手ごろなので、味つけはもちろんのこと、野菜をゆでたり塩でもんだりするときにも使っている塩です。(青い海)

[黒岩塩]

ネパール地方・ヒマラヤ山脈で採れる天然岩塩。卵の黄身のような硫黄の香りをいかして「豆乳マヨネーズ」(P8)に使っています。お店では業務用を購入していますが、「アマゾン」などネット通販で取り扱いがあります。

[みりん]

もち米から伝統的な製法でつくられる「三州三河みりん」。そのまま飲んでもおいしいみりんです。甘味だけでなく、だしのような旨味とコクがたっぷり。食材の持ち味を引き立ててくれます。(角谷文治郎商店)

[アップルビネガー]

アルコールなどを添加せず、りんご果汁を発酵させて酢にしたものがおすすめです。愛用しているのは「ムソー」の「有機アップルビネガー」。有機りんごを使用しており、甘すぎず、しっかりした酸味です。(ムソー)

[バルサミコ酢]

イタリア「メンガツォーリ」の「オーガニックバルサミコ酢」はモデナ産。ツンとこないほどよい酸味で甘すぎず、それでいてしっかりコクがある味。バランスがとてもいいので、使いやすいです。(ミトク)

[ココナッツオイル]

「NEWヴィーガンバター」(P12)に使っているのは甘い香りがない無香タイプ。おすすめは「ココウェル」の「プレミアムココナッツオイル」で、液だれしにくく、溶かしたいときにも湯煎にかけられて便利。(ココウェル)

[エキストラバージンオリーブオイル]

「オルチョサンニータ」の「有機エキストラバージン・オリーブオイル」は、特有の苦味が少なく、甘味がやわらか。加熱しても、仕上げにかけてもおいしい、まろやかでコクもある万能オリーブオイルです。(アサクラ)

[米油]

「三和油脂」の「まいにちのこめ油」はクセがなく、加熱に強いので重宝している油。国産玄米のぬかと胚芽からつくられています。なたね油とブレンドして揚げ油にしたり、炒め油にも使っています。(三和油脂)

食材

[豆乳]

豆乳には「無調整」と「調製」がありますが、大豆をしぼっただけで味をつけていない無調整を使っています。「マルサンアイ」の「有機豆乳 無調整」は大豆のクセが少なく、料理に使いやすい豆乳です。(マルサンアイ)

[玄米甘酒]

ソースに甘味とコク、とろみをつけてくれるのが濃縮タイプの甘酒。「マルクラ食品」の「玄米こうじあま酒」は、岡山県と広島県産米のみを使用。普通の甘酒よりも甘味がやさしく、風味も豊かです。(マルクラ食品)

[玄米ぽんせん]

「豆乳マヨネーズ」(P8)のとろみづけに使っている「召しませ日本 玄米ぽん煎餅」。原材料は鳥取県産の玄米、白米と塩のみ。お店ではグルテンフリーのクラッカーとして、料理にも添えています。(アリモト)

[全粒粉クスクス]

「アリサン」の「有機全粒粉クスクス」は、有機栽培のデュラム小麦を使用した、粒状のパスタ。栄養がとれるので、小麦粉なども含め、食材はできるだけ精製していないものをまるごと使っています。(テングナチュラルフーズ)

[豆類]

メウノータの料理に欠かせない豆類。手に入るものは国産のものを、国内で生産されていないものは、海外産の有機栽培のものを選んでいます。この本のレシピに出てくるひよこ豆とレンズ豆は、「アリサン」の「有機茶レンズ豆」と「有機ひよこ豆」を愛用しています。(共にテングナチュラルフーズ)

その他の調味料＆食材について

ここで紹介していない他の調味料（味噌、酒、酒粕、油、メープルシロップ、香辛料など）は、そのときどきで異なるメーカーのものを使っています。ただし、この本のレシピに使う味噌は信州味噌など、中辛口の白こし味噌を選んでください。

● 問い合わせ先

青い海	098-992-1140	角谷文治郎商店	0566-41-0748
アサクラ	0242-26-3712	テングナチュラルフーズ	042-982-4811
アリモト	0790-47-2220	マルクラ食品	086-429-1551
オーサワジャパン	0120-667-440	マルサンアイ	0120-92-2503
ココウェル	0120-01-5572	ミトク	03-5444-6750
三和油脂	023-653-3021	ムソー	06-6945-5800

伴 奈美 Nami Ban

東京生まれ。東京・高円寺のヴィーガン料理店「メウノータ」店主、ベジタリアンメニューコンサルタント。さまざまなジャンルのレストランやカフェなどで料理人としての腕を磨き、その間に仕事で訪れたニューヨークでヴィーガン料理と出合う。「誰でも分け隔てなく、おいしく食べられる料理」に魅力を感じ、前職ではヴィーガン料理のレシピ開発を手がける。2010年に独立し、「メウノータ」をオープン。著書に『無国籍ヴィーガン食堂「メウノータ」の野菜がおいしい！ベジつまみ』（小社刊）がある。

vege & grain cafe
meu nota
メウノータ

東京都杉並区高円寺南3-45-11 2F
tel 03-5929-9422
http://www.meunota.com/

Staff

撮影	邑口京一郎
デザイン	髙橋朱里、菅谷真理子（マルサンカク）
料理アシスタント	三津間康隆（メウノータ）
スタイリング	伴 奈美
編集	大沼聡子

無国籍ヴィーガン食堂 メウノータの野菜料理 「味つけ」レッスン

2019年9月20日　初版印刷
2019年9月30日　初版発行

著　者　　伴　奈美
発行者　　小野寺優
発行所　　株式会社河出書房新社
　　　　　〒151-0051　東京都渋谷区千駄ヶ谷2-32-2
　　　　　電話　03-3404-1201（営業）
　　　　　　　　03-3404-8611（編集）
　　　　　http://www.kawade.co.jp/
印刷・製本　凸版印刷株式会社

Printed in Japan
ISBN978-4-309-28749-2

本書の内容に関するお問い合わせは、お手紙かメール（jitsuyou@kawade.co.jp）にて承ります。恐縮ですが、お電話でのお問い合わせはご遠慮くださいますようお願いいたします。

落丁本・乱丁本はお取り替えいたします。
本書のコピー、スキャン、デジタル化等の無断複製は著作権法上での例外を除き禁じられています。本書を代行業者等の第三者に依頼してスキャンやデジタル化することは、いかなる場合も著作権法違反となります。

INDEX

この本で紹介したレシピを、ジャンル別にまとめました。
毎日の献立づくりにぜひ、役立ててください。

メインおかず

たけのこと空豆と菜花のかき揚げ
甘酒レモンマスタード添え ……………… 20

高野豆腐南蛮の春野菜豆乳タルタル添え …… 26

ベジツナのニース風サラダ ……………… 32

レンズ豆とパプリカのファラフェル ……… 40

揚げ出し夏野菜 ……………………… 46

秋にんじんのしんじょ春巻き
甘酒スイートチリソース添え …………… 58

きのこと厚揚げのトウチ炒め …………… 60

エリンギかつのオーロラソースがけ ……… 64

ハッシュドマッシュルーム ……………… 70

揚げ大根餅 …………………………… 84

小豆のフェイジョアーダ風 ……………… 90

サブおかず(温)

焼きかぶの昆布ディップ添え …………… 22

焼きアボカドの甘酒スイートチリソース …… 28

焼きかぼちゃのアールグレイペッパー風味 … 47

とうもろこしの味噌アリッサ添え ……… 55

秋にんじんとかぶのローズマリー蒸し …… 66

里芋マッシュポテト ……………………… 71

りんごのヴィーガンバター焼き ………… 72

焼きごぼうの酒粕レーズン味噌添え …… 80

ごぼうとセロリのコリアンダーきんぴら …… 86

焼きれんこんの味噌アリッサ添え ……… 93

焼きブロッコリーのヴィーガンバター和え … 93

サブおかず(冷)

春キャベツと切り干し大根のコールスロー …… 22

紫キャベツのマリネ ……………………… 27

ひたし豆 …………………………………… 28

焼きなすのディップ ……………………… 41

ズッキーニとパイナップルのリボンサラダ …… 42

クスクスのタブレ ………………………… 43

ひよこ豆と焼きオクラのサラダ ………… 48

カチュンバルサラダ ……………………… 54

みょうがのアチャール …………………… 55

チンゲン菜の昆布サラダ ………………… 60

秋なすのバルサミコナッツオイル ……… 67

焼き芋サラダ ……………………………… 67

ルッコラとイチジクのサラダ …………… 73

冬キャベツの磯和え ……………………… 79

赤かぶの甘酒レモンマスタード漬け …… 80

春菊とアーモンドのサラダ ……………… 85

根菜モーリョ ……………………………… 91

ビーツのシーザーサラダ ………………… 92

主食

かぶの葉おむすび 味噌アリッサ添え …… 23

セイボリースコーン ヴィーガンバター添え … 35

夏野菜のココナッツカレー ……………… 52

白菜と車麩の魯肉飯 ……………………… 78

スープ

梅とろろクミンスープ …………………… 23

春採りかぶのポタージュ ………………… 29

アスパラガスと新玉ねぎのポタージュ …… 34

パプリカとごまの冷製スープ …………… 49

きのこと雑穀のチャウダー ……………… 61

焦がしねぎと豆腐のゆずしょうがスープ …… 81

カリフラワーのポタージュ ……………… 87